TGIHP